Fafou

Joue au hockey

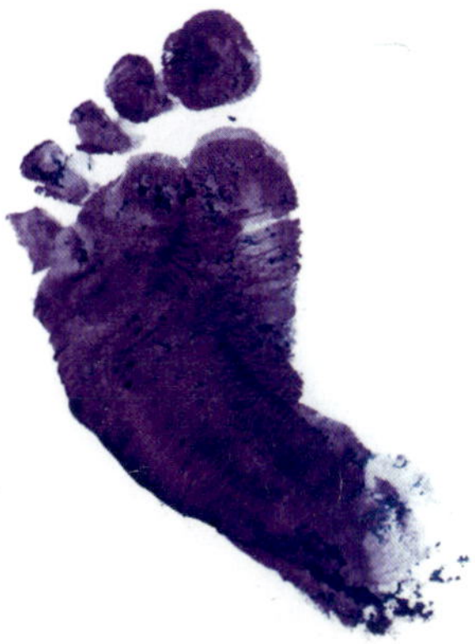

A mon Ti Tom Poupouzzzz....

Voici Fafounet !
La plus merveilleuse des petites
vaches du monde entier et
du monde du hockey.

#1

Aujourd'hui, c'est une journée très spéciale puisque la plus importante partie de hockey de la saison aura lieu.

#1

Fafounet, tout excité,
s'élance à toute vitesse sur
la glace, chaussé de ses patins.
Mais, comble de malheur, ayant
complètement oublié d'enlever
ses protège-lames, il virevolte,
tourne, trébuche et tombe face
première sur la glace, alors que la
rondelle disparaît dans les airs !

Puis, un énorme bruit
se fait entendre :

CLING !

CLING!

Fafounet accourt pour
récupérer sa rondelle.
Il aperçoit quelque chose de
brillantissime, d'époustouflant, de
merveilleux, de scintillant :
c'est la SUPERBE Fafoune-Coupeley !

« WOW ! » s'exclame-t-il.
« Elle est tout simplement magnifique !
Mais à quoi peut-elle bien servir ? »

Jouer au basketball ?

Prendre son bain ?

Faire des glaçons ?

#1

Ou préparer une bonne soupe chaude par temps froid ?

Il s'approche de cette coupe étincelante et commence à lire les gravures qui s'y retrouvent.

Carey Fafouprice 2009
Fafoussoubanne 2010
Fafoupoupou 2011
Faf-Foufounes 2012
Mini-Fafou Grosses narines 2013

« Mmmm... se dit-il, pourquoi y a-t-il des noms inscrits sur la coupe ? »

#1
CAREY FAFOUPRICE 2009
FAFOUSSOUBANNE 2010
FAFOUPOUPOU 2011
FAFOUPOUPOU 2011
FAF-FOUFOUNES 2012
FAF-FOUFOUNES 2012
MINI-FAFOU GROSSE NARINE

« Fafoundé ! s'écrit Fafounet,
viens voir ! »
Fafoundé s'approche en courant et
s'exclame :
« Oh ! Mais c'est la Fafoune-Coupeley ! »
« Tu connais ? » réplique Fafounet.
« Bien sûr, Fafounet. Si on gagne la
partie de hockey ce soir, tu pourras
l'amener chez toi », dit Fafoundé.
« Chez moi ? réplique Fafounet,
AH ! TROOOOOOOP COOL ! »

#1
FAFOUNET
2014

Fafounet, tout excité à l'idée d'avoir la Fafoune-Coupeley chez lui, s'élance sur la glace – cette fois, sans ses protège-lames. Il zigzague avec la rondelle, fait une passe à Fafoundé, qui la lance à Capucine. Elle virevolte et relance la rondelle à Fafounet, qui la frappe à nouveau et...

#1

C'EST
LE BUT !

#1

Fafounet,
grand gagnant de la soirée,
remporte la Fafoune-Coupeley.
De quoi être très fier, car
son nom y est dorénavant gravé.

#1
FAFOUNET
2014

Et quoi de mieux que cette superbe Fafoune-Coupeley pour boire son lait au petit déjeuner !

FAFOUNET
2014

Gouvernement du Québec – Programme de crédit d'impôt
pour l'édition de livres – Gestion Sodec

info@lesmalins.ca

Éditeur : Marc-André Audet
Texte et illustrations : Louise D'Aoust
Correction/révison : Diane Gionet, Dörte Ufkes, Catherine Côté et Pierre-Yves Villeneuve
Conception graphique et montage : Shirley de Susini
Coloration : Claude Dupras

Dépôt légal – Bibliothèque et Archives nationales du Québec, 2013
Dépôt légal – Bibliothèque et Archives Canada, 2013

Imprimé au Canada.

ISBN: 978-2-89657-230-4

Nous reconnaissons l'aide financière du gouverment du Canada
par l'entremise du Fonds du livre du Canada pour nos activités d'édition.

Les éditions les Malins inc.
Montréal, Québec